STUDENTEN-KÜCHE

Probieren geht über Studieren

Autorin: Flora Hohmann | Fotos: Jörn Rynio

QUALITÄTS G|U GARANTIE

DIE GU-QUALITÄTS-GARANTIE

Wir möchten Ihnen mit den Informationen und Anregungen in diesem Buch das Leben erleichtern und Sie inspirieren, Neues auszuprobieren. Bei jedem unserer Bücher achten wir auf Aktualität und stellen höchste Ansprüche an Inhalt, Optik und Ausstattung. Alle Rezepte und Informationen werden von unseren Autoren gewissenhaft erstellt und von unseren Redakteuren sorgfältig ausgewählt und mehrfach geprüft. Deshalb bieten wir Ihnen eine 100 %ige Qualitätsgarantie.

Darauf können Sie sich verlassen:
Wir legen Wert darauf, dass unsere Kochbücher zuverlässig und inspirierend zugleich sind.
Wir garantieren:
- dreifach getestete Rezepte
- sicheres Gelingen durch Schritt-für-Schritt-Anleitungen und viele nützliche Tipps
- eine authentische Rezept-Fotografie

Wir möchten für Sie immer besser werden:
Sollten wir mit diesem Buch Ihre Erwartungen nicht erfüllen, lassen Sie es uns bitte wissen! Nehmen Sie einfach Kontakt zu unserem Leserservice auf. Sie erhalten von uns kostenlos einen Ratgeber zum gleichen oder ähnlichen Thema. Die Kontaktdaten unseres Leserservice finden Sie am Ende dieses Buches.

GRÄFE UND UNZER VERLAG
Der erste Ratgeberverlag – seit 1722.

INHALT

TIPPS UND EXTRAS

22 HUNGRIG NACH HAUSE

42 KOCHEN FÜR VIELE

Das grüne Blatt bei den Rezepten heißt fleischloser Genuss:
Mit diesem Symbol sind alle vegetarischen Gerichte gekennzeichnet.

CLEVER EINKAUFEN UND AUFBEWAHREN

Einkaufen kann Spaß machen, aber auch nerven – wenn hier was fehlt und da was. Gute Planung ist alles, und dabei kann man sogar Geld sparen.

Das beste Mittel gegen Einkaufsstress: Nicht täglich losziehen, sondern einmal pro Woche einen Großeinkauf machen und die Vorräte dann clever aufbewahren. Was dabei hilft, ist ein Einkaufszettel. Wenn Ihr ihn schreibt, solltet Ihr folgende Fragen im Hinterkopf haben: Was will ich die nächsten Tage kochen? Was ist noch da? Gibt es Reste, die man mit anderen Zutaten sinnvoll ergänzen kann? Sind meine Grundvorräte vollständig?

DISCOUNTER, BIOLADEN, MARKT

Es lohnt sich auch zu überlegen, wo man einkaufen möchte: im Supermarkt, im Bioladen oder auf dem Wochenmarkt? Eine gut geplante Einkaufsroute spart Zeit und teilweise auch Geld. Und Augen auf! Am besten erst einmal umschauen, wo der nächste Bäcker oder ein guter Gemüseladen ist. Und Qualität und Preise vergleichen: In fast jeder Stadt bzw. jedem Stadtteil gibt es einen Wochenmarkt mit einem tollen (und oft auch günstigen) Angebot an Obst, Gemüse, Brot, Fleisch und manchmal auch Käse und Fisch (Infos gibt's im Rathaus). Die Händler kommen meist aus der Region, ihre Waren sind also viel frischer als im Supermarkt und halten einige Tage länger. So wandert weniger in die Mülltonne, und man spart dabei Geld. Apropos sparen: Es lohnt sich, den Gemüsehändler einfach mal zu fragen, ob er eine Kiste überreife Tomaten hat, die er einem netten Studenten für ein paar Euro verkaufen möchte – oder vielleicht sogar schenken! Und Ihr könnt Euch dann zu Hause einen großen Topf Tomatensuppe kochen oder einen leckeren Salat zubereiten.

VORRATSHALTUNG MIT SYSTEM

Sind die Einkäufe erst mal nach Hause geschafft, gehören sie ordentlich verstaut. Obst und manche Gemüse wollen bei Zimmertemperatur aufbewahrt werden. Äpfel und Bananen aber bitte nicht nebeneinanderlegen, sie beschleunigen gegenseitig ihre Reifung. Auberginen, Salatgurken, Kartoffeln, Pap-

rikaschoten, Tomaten, Zucchini, Knoblauch und Zwiebeln mögen keine Kühlschranktemperaturen, sie verlieren dort teilweise ihr Aroma. Man sollte sie am besten dunkel, luftig und trocken lagern.
In den Vorratsschrank kommen all die Lebensmittel, die lange haltbar sind und aus denen man schnell was Gutes zaubern kann. Neben meinen Lieblingen, die Ihr auf der vorderen Umschlaginnenseite findet, empfehle ich folgende Basics:

- getrocknete Hülsenfrüchte (z. B. rote und braune Linsen, weiße Bohnen)
- Mehl und Zucker (weißer oder brauner Rohrzucker)
- Nüsse und Kerne (z. B. Sonnenblumen-, Haselnuss-, Walnuss-, Mandelkerne)
- Pesto (z. B. Basilikum oder Tomate)
- Tomatenmark
- Sojasauce
- H-Milch
- Saft (z. B. Orange, Apfel, Traube, Mango)

HIERARCHIE IM KÜHLSCHRANK

Auch der Kühlschrank sollte immer rechtzeitig aufgefüllt werden. Wichtig ist dabei, die Lebensmittel in den richtigen Kühlzonen zu verstauen:

Oben / Kühlschranktüre:

- Eier
- Butter oder Margarine
- Sahne, saure Sahne, Crème fraîche, Schmand

Mitte:

- Milch (auch H-Milch, sobald sie geöffnet ist)
- Joghurt (am besten Naturjoghurt)
- Käse (z. B. Mozzarella für Pizza, Schafs- oder Ziegenkäse für Salate und alter Gouda, der eine günstige Alternative zu Parmesan ist)
- Quark (mit 20 % Fett, Sahnequark mit 40 % Fett)
- Fertig-Teigwaren aus dem Kühlregal (z. B. Knödel, Schupfnudeln oder Gnocchi)

Unten / Gemüsefach:

Unten ist im Kühlschrank die kälteste Stelle, hier halten sich Fleisch, Wurst und Fisch. Schinken oder Salami sollte man am besten am Stück kaufen, dann sind sie länger haltbar.
Ins Gemüsefach gehören Gemüse und Salat. Je nach Sorte und Frische beim Kauf sind sie hier bis zu vier Tage haltbar.

VORRÄTE AUS DEM EIS

Wer ein 3-Sterne-Tiefkühlfach oder sogar einen Gefrierschrank hat, ist bei der Vorratshaltung natürlich fein raus. Hier lassen sich für alle (Not-)Fälle gehackte gemischte Kräuter oder Gemüse wie Spinat und Brokkoli, Blätter- und Pizzateig, Fleisch (z. B. Hackfleisch) sowie tiefgekühlter Fisch lagern. Aber Achtung, was man gerne vergisst: Auch im Eis gibt es ein Mindesthaltbarkeitsdatum zu beachten!

SPICY TOP TEN

Klar, das sprichwörtliche Salz in der Suppe kennt jeder. Doch wer Geschmack am Kochen finden will, sollte schon ein paar Gewürze mehr im Haus haben.

1 SALZ

Die absolute Standardwürze für alles; auch Desserts oder Gebäck werden durch 1 Prise Salz richtig aromatisch. Aber Vorsicht beim Dosieren, zu viel Salz ist leider ungesund!

2 PFEFFER

Weißer ist etwas schärfer, schwarzer einen Hauch milder. Als Faustregel gilt: weißen Pfeffer für helle, schwarzen für alle anderen Speisen verwenden. Letztlich bleibt das Eurem Geschmack überlassen. Allerdings solltet Ihr unbedingt ganze Körner kaufen und bei Bedarf frisch mahlen.

3 CURRYPULVER

Die indische Gewürzmischung peppt jedes noch so fade Gericht auf. Meist sind Ingwer, Koriander, Chili und Kurkuma enthalten. Passt zu Suppen, Saucen, Fleisch- und Gemüsegerichten oder Eiern. Einfach mal experimentieren!

4 PAPRIKAPULVER

Gibt es in den Varianten edelsüß und rosenscharf. Ideal für Suppen, Schmorgerichte, Pestos oder Dips. Achtung: Paprika nie direkt ins heiße Fett geben, es verbrennt leicht und schmeckt dann bitter.

5 ZIMTPULVER ODER -STANGEN

Verleihen süßen und pikanten Gerichten das gewisse Etwas, sorgen für Wärme und Wohlbehagen. Mamas Milchreis, Grießbrei oder Kuchen hatte bestimmt eine Zimtnote! Zimtstangen verfeinern Gerichte, die lange garen (wie Suppen und Schmorgerichte), oder Getränke wie Glühwein.

6 PETERSILIE

Der grüne Allrounder hat glatt oder kraus das ganze Jahr Saison. Gibt Salaten, Dressings, Kartoffeln, Gemüse, Fisch und Suppen Kräuterfrische.

7 SCHNITTLAUCH

Erinnert geschmacklich an Zwiebeln und schmeckt roh in Salaten, Dips, Suppen und Saucen – oder ganz einfach auf einem Butterbrot.

8 BASILIKUM

Für die italienischen Momente in der Küche. Die herb-scharfen Blätter verleihen Tomatensaucen, Pestos, Salaten, Dressings und Quark eine raffinierte Note. Nicht mitgaren!

9 THYMIAN

Bringt den Sommer auf den Tisch. Schmeckt getrocknet genauso gut wie frisch, würzt getrocknet aber dreimal stärker. Passt super zu Oliven, Auberginen, Tomaten, Paprikaschoten und Zucchini.

10 KERBEL

Das zarte Kraut ist der Frühlingsbote schlechthin. Sein anisähnliches Aroma harmoniert wunderbar mit Fleisch, Gemüse, Kartoffeln, Salaten, Dips, Dressings und Fisch. Möglichst roh verwenden.

1
2
3
4
5
6
7
8
9
10

FIT DURCH DEN TAG

Essen macht schlau, vor allem wenn man selbst kocht. Es schmeckt besser, und man spart Kohle und Zeit! Sandwiches und Sattmacher-Salate kann man nämlich super vorbereiten und dann mit in die Uni nehmen. Schlangestehen in der Mensa? Das war gestern!

WRAPS MIT GEMÜSE UND KRÄUTERCREME

Wraps sind wahre Verwandlungskünstler und bringen sogar Reste noch mal ganz groß raus. Zum Beispiel das Gemüse oder den Dip von gestern Abend!

Für die Kräutercreme:
160 g Quark (20 % Fett)
1 Pck. gemischte TK-Kräuter
1 TL Aceto balsamico bianco
1 TL Senf
Salz | Pfeffer
Für die Wraps:
2 Möhren
1 Zucchino
2 Frühlingszwiebeln
10 Champignons
3 EL Olivenöl
Salz | Pfeffer
8 Weizentortillas (Fertigprodukt)
1 Kästchen Kresse

Rolle to go

Für 2 Personen |
30 Min. Zubereitung
Pro Portion ca. 865 kcal,
32 g EW, 22 g F, 131 g KH

1 Für die Kräutercreme Quark, Kräuter, Essig und Senf in einer Schüssel glatt rühren und mit Salz und Pfeffer würzen. Die Creme zugedeckt bis zur Verwendung ziehen lassen.

2 Für die Wraps die Möhren putzen und schälen. Den Zucchino putzen und waschen, beides in dünne Stifte schneiden oder hobeln. Die Frühlingszwiebeln putzen, waschen und schräg in Ringe schneiden. Die Pilze putzen, trocken abreiben und halbieren.

3 In einer beschichteten Pfanne 1 EL Öl erhitzen und die Möhren darin ca. 3 Min. braten. Zucchino sowie Frühlingszwiebeln dazugeben und ca. 2 Min. mitbraten. Mit Salz und Pfeffer würzen, herausnehmen und abkühlen lassen. Nochmals 1 EL Öl in der Pfanne erhitzen und die Pilze darin ca. 2 Min. braten. Mit Salz und Pfeffer würzen, herausnehmen und abkühlen lassen.

4 Die Pfanne säubern und mit Öl dünn einstreichen. Die Tortillas darin nacheinander auf beiden Seiten kurz erwärmen, bis sie weich werden. Auf die Arbeitsfläche legen, mit der Kräutercreme bestreichen und mit Gemüse und Pilzen belegen. Die Kresse abschneiden und darüberstreuen. Die Wraps einschlagen, aufrollen und sofort genießen. Dazu passt eine scharfe Tomatensalsa.

TIPP

Ich liebe die Wraps auch mit Hähnchen: 200 g Hähnchenbrustfilet kalt abbrausen, trocken tupfen und in Streifen schneiden. In einer Mischung aus 2 EL Olivenöl, 1 TL Zitronensaft, 1 TL Zucker, Salz und Pfeffer ca. 10 Min. marinieren. Dann in der Marinade in ca. 4 Min. knusprig braten. Abgekühlt mit dem Gemüse auf den Wraps verteilen.

FRISCHKÄSE-SCHINKEN-SANDWICH

1 großes Bund Schnittlauch | 150 g Frischkäse | 2 EL Olivenöl | Salz | Pfeffer | 1 Ciabatta-Brot (ca. 300 g) | 4 schöne Salatblätter | 2 Tomaten | 100 g gekochter Schinken (in Scheiben)

Immer wieder gut

Für 2 Personen | 15 Min. Zubereitung
Pro Portion ca. 575 kcal, 33 g EW, 17 g F, 72 g KH

1 Den Backofen auf 200° vorheizen. Den Schnittlauch waschen, trocken tupfen und in Röllchen schneiden. Den Frischkäse in eine Schüssel geben, mit Schnittlauch und Öl glatt rühren und mit Salz und Pfeffer würzen. Das Ciabatta-Brot im Ofen (Mitte) ca. 4 Min. aufbacken.

2 Inzwischen die Salatblätter waschen und trocken tupfen. Die Tomaten waschen und in dünne Scheiben schneiden, dabei die Stielansätze entfernen. Das Ciabatta aus dem Ofen nehmen und ca. 1 Min. abkühlen lassen. Anschließend einmal quer in der Mitte durchschneiden und die Brothälften nochmals längs halbieren.

3 Alle Brotviertel mit Frischkäsecreme bestreichen. Den Schinken auf den beiden unteren Brotvierteln verteilen, Tomatenscheiben und Salatblätter darauflegen. Die oberen Brotviertel auflegen.

TIPP

Abwechslung gefällig? Dann könnt Ihr statt gekochtem Schinken auch mal Salami oder geräucherten rohen Schinken verwenden. Und natürlich schmeckt auch anderes Brot wie Baguette oder ein Vollkornbrötchen.

EIERSANDWICH MIT KRÄUTER-MAYO

60 g Mayonnaise | 4 EL gemischte TK-Kräuter | abgeriebene Schale von ½ Bio-Zitrone | 1 TL Zitronensaft | 2 hart gekochte Eier | 1 Handvoll Feldsalat | 4 große Scheiben Toastbrot | 4 Scheiben Bergkäse (ersatzweise Gouda)

Üppiges Pausenbrot

Für 2 Personen | 15 Min. Zubereitung
Pro Portion ca. 590 kcal, 31 g EW, 42 g F, 23 g KH

1 Die Mayonnaise mit den Kräutern, der Zitronenschale und dem Zitronensaft glatt rühren und zugedeckt beiseitestellen.

2 Die Eier pellen und in dünne Scheiben schneiden. Den Feldsalat verlesen, sehr gründlich waschen und trocken tupfen oder schleudern. Die Brotscheiben im Toaster in ca. 1 Min. goldbraun rösten und etwas abkühlen lassen.

3 Die Kräuter-Mayo auf 2 Toastscheiben streichen und je 2 Scheiben Käse darauflegen. Die Eierscheiben und zuletzt den Feldsalat darauf verteilen. Mit je 1 Toastscheibe abdecken.

TIPP

Das Sandwich wird zum Tramezzino, wenn man die Brotscheiben entrindet und nicht toastet. Dann könnt Ihr sie mit allem belegen, was gut schmeckt – etwa mit Frischkäse, Senf, 2 Scheiben Graved Lachs, hauchdünnen Gurkenscheiben und etwas Dill.

LIMETTEN-HUMMUS

350 g Kichererbsen (aus der Dose) | 1 Zwiebel | 6 EL Öl | 2 TL gemahlener Kreuzkümmel | 1 kleine Knoblauchzehe | 2 Bio-Limetten | 1 EL Zucker | Salz | Pfeffer

Orient-Express

Für 2 Personen | 20 Min. Zubereitung
Pro Portion ca. 440 kcal, 8 g EW, 33 g F, 27 g KH

1 Die Kichererbsen in ein Sieb gießen und abtropfen lassen. Die Zwiebel schälen und in kleine Würfel schneiden. 1 EL Öl in einer Pfanne erhitzen und die Zwiebel darin goldbraun anbraten. Den Kreuzkümmel darüberstreuen und kurz mitrösten. Den Knoblauch schälen.

2 Zwiebel, Knoblauch und Kichererbsen in einen hohen Rührbecher geben. Die Limetten heiß waschen, abtrocknen und die Schale abreiben. Eine Limette auspressen. Limettenschale und -saft, das übrige Öl und den Zucker in den Rührbecher geben und alles mit dem Pürierstab fein pürieren. Den Hummus mit Salz und Pfeffer kräftig abschmecken. Fein zu Rohkost und auf getoastetem Brot.

MANGO-CURRY-CREME

100 g Sonnenblumenkerne | 1 Knoblauchzehe | 1 Bund Basilikum | 2 Tomaten | 6 EL Sonnenblumenöl | 2 – 3 EL Mangosaft | 1 TL abgeriebene Bio-Orangenschale | 1 – 2 TL Currypulver | Salz | Pfeffer

Bollywood-Dip

Für 2 Personen | 15 Min. Zubereitung
Pro Portion ca. 585 kcal, 12 g EW, 55 g F, 11 g KH

1 Die Sonnenblumenkerne in einer Pfanne ohne Fett leicht rösten, herausnehmen und abkühlen lassen. Den Knoblauch schälen und grob hacken. Basilikum waschen, trocken tupfen und die Blätter abzupfen. Tomaten waschen und grob zerkleinern, dabei die Stielansätze entfernen.

2 Sonnenblumenkerne, Knoblauch, Basilikum, Tomaten, Öl und Mangosaft in einen hohen Rührbecher geben und mit dem Pürierstab fein pürieren. Die Creme mit Orangenschale, Currypulver, Salz und Pfeffer kräftig abschmecken. Schmeckt lecker auf Fladen- und Knäckebrot oder auch als superschnelle Pastasauce!

LINSEN-MÖHREN-CREME

100 g rote Linsen | 200 ml Gemüsebrühe | 1 Knoblauchzehe | ½ Bund Kerbel (ersatzweise Petersilie) | 1 Möhre | 3 EL Sonnenblumenöl | 1 TL Saft und abgeriebene Schale von 1 Bio-Zitrone | 1 TL Chilipulver | Salz | Pfeffer

Bunt und gesund

Für 2 Personen | 40 Min. Zubereitung
Pro Portion ca. 290 kcal, 12 g EW, 16 g F, 23 g KH

1 Die Linsen in ein Sieb geben und abbrausen. Dann in der Brühe zugedeckt ca. 20 Min. garen. Vom Herd nehmen und abkühlen lassen. Inzwischen den Knoblauch schälen und grob hacken. Kerbel waschen, trocken tupfen und die Blätter abzupfen. Die Möhre putzen, schälen und raspeln.

2 Linsen, Knoblauch, Möhre, Öl, die Hälfte des Kerbels und den Zitronensaft fein pürieren. Mit Zitronenschale, Chilipulver, Salz und Pfeffer abschmecken. Die restlichen Kerbelblätter sehr fein hacken und untermischen. Die Linsen-Möhren-Creme schmeckt toll auf knusprigem Baguette oder indischem Chapati-Brot.

AUBERGINENCREME

1 Aubergine (ca. 300 g) | 2 Knoblauchzehen | ½ Bund Petersilie | 50 g Haselnusskerne | 3 – 4 EL Olivenöl | 1 TL Zitronensaft | 1 Msp. abgeriebene Bio-Zitronenschale | 1 Msp. gemahlener Kreuzkümmel | Salz | Pfeffer

Wie beim Libanesen

Für 2 Personen | 15 Min. Zubereitung | 45 Min. Backen
Pro Portion ca. 385 kcal, 6 g EW, 36 g F, 9 g KH

1 Backofen auf 180° vorheizen. Die Aubergine waschen, abtrocknen und mit einer Gabel mehrmals einstechen. Auf ein mit Backpapier belegtes Blech legen und im Ofen (Mitte) in ca. 45 Min. weich garen. Den Knoblauch schälen und fein hacken. Die Petersilie waschen, trocken tupfen und die Blätter abzupfen. Die Nüsse grob hacken.

2 Aubergine längs halbieren, das Fruchtfleisch herauslösen und mit Öl und Zitronensaft fein pürieren. Zitronenschale, Nüsse, Petersilie und Knoblauch dazugeben und kurz pürieren. Mit Kreuzkümmel, Salz und Pfeffer würzen und abkühlen lassen.

ROHKOST MIT MEERRETTICHSCHMAND

100 g Schmand | 2 EL Naturjoghurt | 1 TL Meerrettich (aus dem Glas) | 1 TL Saft und abgeriebene Schale von 1 Bio-Zitrone | Salz | Pfeffer | 1 Kohlrabi | 1 gelbe Paprikaschote | 1 kleine Salatgurke | 1 Bund Radieschen | Kresse zum Garnieren (nach Belieben)

Vitamin-Power

Für 2 Personen | 15 Min. Zubereitung
Pro Portion ca. 205 kcal, 6 g EW, 14 g F, 13 g KH

1 Den Schmand mit Joghurt, Meerrettich, etwas Zitronensaft und der Zitronenschale in eine Schüssel geben und verrühren. Mit Salz und Pfeffer abschmecken und zugedeckt kühl stellen.

2 Den Kohlrabi schälen und in Stifte schneiden. Die Paprikaschote längs vierteln, putzen und waschen. Die Viertel in 2–3 mm dicke Streifen schneiden. Die Gurke waschen, längs halbieren und in ca. 6 cm lange und 2–3 mm dicke Stücke schneiden. Die Radieschen putzen, waschen und je nach Größe halbieren oder vierteln.

3 Den Meerrettichschmand umrühren und nochmals mit Zitronensaft, Salz und Pfeffer abschmecken. Nach Belieben mit Kresse garnieren. Die vorbereitete Rohkost auf einer Platte anrichten und den Meerrettichschmand dazu servieren.

TIPP

Das Gemüse für die Rohkost variiere ich je nach Lust und Jahreszeit. Gut geeignet sind auch Rettich, Knollen- und Staudensellerie, Möhren, Rote Bete und Frühlingszwiebeln. Auch feste Obstsorten wie Äpfel oder Birnen passen gut als Ergänzung zu vielen Gemüsesorten.

APFEL-MÖHREN-SALAT MIT HACKBÄLLCHEN

4 große Möhren | 1 säuerlicher Apfel (z. B. Cox Orange) | Saft von ½ Zitrone | Zucker | Salz | Pfeffer | 6 EL Sonnenblumenöl | 1 EL Mandelstifte | 1 Brötchen (vom Vortag) | 1 kleine Zwiebel | 300 g gemischtes Hackfleisch | 1 Ei | edelsüßes Paprikapulver

Gute-Laune-Essen

Für 2 Personen | 30 Min. Zubereitung
Pro Portion ca. 815 kcal, 39 g EW, 57 g F, 35 g KH

1 Die Möhren putzen, schälen und grob raspeln. Den Apfel waschen, nach Belieben schälen, vierteln und das Kerngehäuse entfernen. Die Viertel grob raspeln und in einer Schüssel mit den Möhren mischen. Den Zitronensaft mit 1 Prise Zucker, Salz, Pfeffer und 3 EL Öl zu einem Dressing verrühren und mit den Möhren- und Apfelraspeln mischen. Den Salat zugedeckt ziehen lassen.

2 Inzwischen die Mandelstifte in einer Pfanne ohne Fett leicht rösten, herausnehmen und abkühlen lassen. Das Brötchen klein schneiden und in Wasser ca. 10 Min. einweichen. Die Zwiebel schälen und klein würfeln. Das Brötchen ausdrücken.

3 Das Hackfleisch in einer Schüssel mit Zwiebel, Brötchen, Ei, Paprika, Salz und Pfeffer gründlich verkneten. Aus der Masse mit angefeuchteten Händen 12 – 16 Bällchen formen. Das übrige Öl in einer Pfanne erhitzen und die Bällchen darin rundum in ca. 4 Min. goldbraun braten. Herausnehmen und auf Küchenpapier abtropfen lassen. Die Rohkost nochmals abschmecken, die gerösteten Mandelstifte darüberstreuen und mit den Hackbällchen anrichten. Dazu passt knuspriges Baguette.

SALAT MIT ZIEGENKÄSE

Da haben wir den Salat – und was für einen: Apfelscheiben, milder Ziegenkäse und ein feines Honigdressing machen knackiges Grünzeug noch attraktiver.

1 kleiner Kopf Römersalat
¼ Kopf Friséesalat
1 kleiner säuerlicher Apfel (z. B. Cox Orange oder Elstar)
2 TL Sonnenblumenkerne
2 TL flüssiger Honig
2 – 3 EL Aceto balsamico bianco
1 TL Senf
1 TL getr. Thymian
Salz | Pfeffer
2 EL Olivenöl
120 g milder Ziegenkäse

Rezept mit Oh, là là

Für 2 Personen | 20 Min. Zubereitung
Pro Portion ca. 410 kcal, 16 g EW, 26 g F, 27 g KH

1 Die Salate putzen, waschen und trocken schleudern oder schütteln. Die Blätter in mundgerechte Stücke zupfen. Den Apfel waschen, vierteln und das Kerngehäuse entfernen, die Viertel in möglichst dünne Scheiben schneiden. Die Sonnenblumenkerne in einer Pfanne ohne Fett rösten, bis sie duften. Vom Herd nehmen und abkühlen lassen.

2 In einer Schüssel Honig, Essig, Senf, Thymian, Salz, Pfeffer und Öl zu einem Dressing verrühren. Den Ziegenkäse mit einer Gabel oder den Fingern grob zerbröckeln.

3 Die Salatblätter und die Apfelscheiben auf Tellern anrichten und das Dressing darüberträufeln. Den Ziegenkäse untermischen und den Salat mit den Sonnenblumenkernen bestreut servieren. Dazu passt knuspriges Baguette.

TIPP

Auch dieser Salat eignet sich als Take-away, wenn Ihr die Zutaten und das Dressing separat verpackt und das Dressing dann bei Bedarf über den Salat gebt. Wenn Ihr ihn zu Hause genießt, solltet Ihr den Salat auch unbedingt mal mit überbackenem Ziegenkäse probieren: Dafür 4 Ziegenkäsetaler (à ca. 30 g) auf ein mit Backpapier belegtes Backblech setzen. 1 Zweig Thymian in 4 Stücke zupfen, auf den Käse legen und mit je 1 TL Honig beträufeln. Den Käse im 200° heißen Ofen (oben) ca. 2 Min. backen, bis er zu zerlaufen beginnt.

COUSCOUS-SALAT MIT HÄHNCHEN

150 ml kräftige Gemüsebrühe | 5 EL Olivenöl | 100 g Couscous | 1 Bio-Salatgurke | 2 Tomaten | 3 Frühlingszwiebeln | ½ Bund Petersilie | 1 Zitrone | Salz | Pfeffer | Zucker | 250 g Hähnchenbrustfilet

Marokko lässt grüßen

Für 2 Personen | 30 Min. Zubereitung
Pro Portion ca. 640 kcal, 36 g EW, 33 g F, 46 g KH

1 Die Brühe mit 1 EL Öl aufkochen. Den Topf vom Herd nehmen und den Couscous einrühren. Zugedeckt ca. 6 Min. quellen und dann abkühlen lassen, dabei ab und zu mit einer Gabel auflockern. Inzwischen die Gurke waschen, längs halbieren und würfeln. Die Tomaten waschen, halbieren und in Würfel schneiden, dabei die Stielansätze entfernen. Die Frühlingszwiebeln putzen, waschen und in grobe Ringe schneiden.

2 Die Petersilie waschen und trocken tupfen, die Blätter abzupfen und fein hacken. Die Zitrone auspressen, den Saft mit Salz, Pfeffer, 1 Prise Zucker und 2 EL Öl zu einem Dressing verrühren. Couscous, Gurken- und Tomatenwürfel, Frühlingszwiebeln, Petersilie und Dressing in einer Schüssel mischen und ca. 10 Min. ziehen lassen.

3 Inzwischen das Hähnchenbrustfilet kalt abbrausen, mit Küchenpapier trocken tupfen, salzen und pfeffern. Das restliche Öl in einer Pfanne erhitzen und das Fleisch darin auf jeder Seite in ca. 8 Min. goldbraun braten. Herausnehmen und in Streifen schneiden. Den Couscous-Salat abschmecken und die Hähnchenstreifen darauf anrichten.

NUDELSALAT MIT RUCOLA

200 g Penne | Salz | 4 EL Olivenöl | 125 g Kirschtomaten | 1 Kugel Mozzarella (ca. 125 g) | 1–2 EL schwarze Oliven (mit Stein) | 2 EL Aceto balsamico bianco | Pfeffer | 1 TL flüssiger Honig | ½ TL Senf | ½ Bund Rucola

Farbenfroh und lecker

Für 2 Personen | 25 Min. Zubereitung | 30 Min. Marinieren
Pro Portion ca. 770 kcal, 23 g EW, 40 g F, 78 g KH

1 Die Penne nach Packungsanweisung in Salzwasser bissfest garen. In ein Sieb abgießen, gut abtropfen und abkühlen lassen, dabei mit 1 EL Öl mischen, damit sie nicht zusammenkleben.

2 Während die Nudeln kochen, die Tomaten waschen und halbieren. Mozzarella abtropfen lassen und würfeln. Das Olivenfruchtfleisch vom Stein schneiden. Penne, Tomaten, Mozzarella und Oliven in einer Schüssel mischen. Essig, Salz, Pfeffer, Honig, Senf und übriges Öl zu einem Dressing verrühren. Über die Nudelmischung geben und den Salat ca. 30 Min. ziehen lassen.

3 Inzwischen den Rucola waschen, trocken tupfen und grobe Stiele entfernen. Die Blätter nach Belieben klein zupfen. Den Salat nochmals abschmecken und den Rucola untermischen.

TIPP

Dieser Salat schmeckt auch mit anderen kurzen Nudeln wie Farfalle. Für mehr Biss einfach noch zusätzlich 1 fein gewürfelte rote Paprikaschote oder 1 in Scheiben geschnittene Stange Staudensellerie untermischen.

HUNGRIG NACH HAUSE

Puh, was für ein langer Uni-Tag! Und jetzt auch noch kochen? Aber klar! Weil nun etwas Warmes hermuss, etwas, das satt macht und nach Zuhause schmeckt. Aber schnell soll es gehen – und den Gehirnzellen Futter geben! Schließlich müssen wir nachher noch an den Schreibtisch ...

LINSENSUPPE MIT WÜRSTCHEN

Wer diese Suppe einmal selbst gekocht hat, greift nie mehr zur Dose, wetten? Das Tolle: Sie schmeckt nicht nur gut, sondern ist auch bestes Brainfood.

150 g Tellerlinsen
2 Zwiebeln
4 vorwiegend festkochende Kartoffeln
1 Bund Suppengrün
50 g durchwachsener Speck
1–2 Pimentkörner
1 l Gemüse- oder Hühnerbrühe
Salz | Pfeffer
1–2 EL Weißweinessig
4 Wiener Würstchen
2 Stiele Petersilie

Wie bei Muttern

Für 2 Personen | 20 Min. Zubereitung | 50 Min. Garen | 12 Std. Einweichen
Pro Portion ca. 1040 kcal, 42 g EW, 63 g F, 73 g KH

1 Die Linsen über Nacht in reichlich kaltem Wasser einweichen. Am nächsten Tag die Zwiebeln schälen und in kleine Würfel schneiden. Die Kartoffeln schälen und in ca. 1 cm große Würfel schneiden. Das Suppengrün putzen, waschen bzw. schälen und ca. 1 cm groß würfeln. Den Speck ebenfalls würfeln, die Pimentkörner mit einem schweren Messer andrücken.

2 In einer beschichteten Pfanne den Speck auslassen. Zwiebeln dazugeben und andünsten, dann das Suppengrün hinzufügen und ca. 2 Min. mitdünsten. Die Linsen in ein Sieb abgießen und unterrühren. Die Brühe dazugießen und alles mit Salz und Pfeffer würzen. Ca. 30 Min. kochen lassen, dann die Kartoffeln hinzufügen und alles noch ca. 20 Min. kochen.

3 Wenn Linsen und Kartoffeln weich sind, die Hitze reduzieren und die Suppe mit Essig abschmecken. Die Würstchen nach Belieben klein schneiden, dazugeben und ca. 3 Min. erhitzen. Die Petersilie waschen und trocken tupfen, die Blätter abzupfen, fein hacken und über die Suppe streuen.

TIPP **Aufgewärmt schmeckt die Suppe fast noch besser. Am besten bereitet Ihr gleich die doppelte Menge zu. Schwäbisch, gut und supersättigend: die Suppe mit Spätzle servieren. Die könnt Ihr selbst machen (siehe S. 50) oder im Supermarkt im Kühlregal finden.**

SELLERIE-APFEL-SUPPE

1 Zwiebel | 1 kleine Sellerieknolle (ca. 300 g) | 1 säuerlicher Apfel (z. B. Boskop oder Elstar) | 1 TL Saft und etwas abgeriebene Schale von 1 Bio-Zitrone | 2 EL Olivenöl | Salz | Pfeffer | ½ l Gemüsebrühe | 100 ml Kokosmilch (aus der Dose) | 1 TL Butter | 2 Stiele Kerbel (ersatzweise Petersilie)

Gut und günstig

Für 2 Personen | 30 Min. Zubereitung
Pro Portion ca. 265 kcal, 4 g EW, 20 g F, 12 g KH

1 Die Zwiebel schälen und klein würfeln. Den Sellerie schälen und ebenfalls in kleine Würfel schneiden. Den Apfel waschen, vierteln und das Kerngehäuse entfernen, die Viertel in dünne Scheiben schneiden. 8 Apfelscheiben mit etwas Zitronensaft beträufeln, damit sie sich nicht verfärben, und zum Garnieren beiseitestellen.

2 Das Öl in einem Topf erhitzen und die Zwiebel darin andünsten. Den Sellerie und die restlichen Apfelscheiben dazugeben und kurz mitdünsten. Mit Salz und Pfeffer würzen. Den übrigen Zitronensaft, die Zitronenschale und die Brühe dazugeben und ca. 15 Min. köcheln lassen, dann mit dem Pürierstab fein pürieren. Die Kokosmilch unterrühren und die Suppe kurz aufkochen lassen.

3 Die Butter in einer Pfanne zerlassen und die beiseitegestellten Apfelscheiben darin auf beiden Seiten kurz anbraten. Den Kerbel waschen und trocken tupfen, die Blätter abzupfen und fein hacken. Die Suppe mit Salz und Pfeffer abschmecken und mit den Apfelscheiben und dem Kerbel anrichten. Dazu passt am besten Fladenbrot.

MÖHREN-INGWER-SUPPE

1 Bund Möhren (mit Grün, ca. 300 g) | 2 vorwiegend festkochende Kartoffeln | 2 Zwiebeln | 1 Stück Ingwer (ca. 3 cm) | 2 EL Olivenöl | 400 ml Gemüsebrühe | Salz | Pfeffer | 1 TL Zitronensaft | 50 g Schmand | ½ Bund Schnittlauch

Stärkt und wärmt

Für 2 Personen | 35 Min. Zubereitung
Pro Portion ca. 230 kcal, 3 g EW, 16 g F, 15 g KH

1 Das Grün von den Möhren abschneiden, grobe Stiele entfernen, den Rest waschen, trocken tupfen, fein hacken und beiseitestellen. Möhren und Kartoffeln schälen und in Würfel schneiden. Zwiebeln und Ingwer schälen und klein würfeln.

2 Das Öl in einem großen Topf erhitzen und die Zwiebeln darin andünsten. Möhren und Kartoffeln dazugeben und kurz mitdünsten, dann den Ingwer unterrühren. Die Brühe dazugießen, mit Salz, Pfeffer und Zitronensaft würzen. Das Gemüse in der Brühe zugedeckt in ca. 15 Min. weich kochen.

3 Die Suppe im Topf mit dem Pürierstab pürieren und den Schmand unterrühren. Die Suppe jetzt nicht mehr kochen lassen! Den Schnittlauch waschen, trocken tupfen und in feine Röllchen schneiden. Die Suppe nochmals abschmecken und mit Schnittlauch und Möhrengrün bestreuen.

TIPP

Die Suppe könnt Ihr gut variieren: Für hungrige Fleischesser gibt's kleine Hackbällchen (siehe S. 17) oder ausgelassene Speckwürfel dazu. Ein knuspriges Topping sind Croûtons aus in wenig Butter oder Öl kross gebratenen Pumpernickelwürfeln.

PENNE MIT PETERSILIENPESTO

Grünes Pesto, da denken die meisten an Basilikum. Ich nicht, denn momentan ist diese frische Variante mit Petersilie und Minze mein absoluter Favorit!

200 g Penne
Salz
1 Knoblauchzehe
1 Bund Petersilie
½ Bund Minze
50 g Walnusskerne
40 g alter Gouda (ersatzweise Parmesan)
180 ml Olivenöl
Pfeffer
Zucker
1 TL Zitronensaft

Pimp your Pasta!

Für 2 Personen | 20 Min. Zubereitung
Pro Portion ca. 615 kcal, 14 g EW, 30 g F, 73 g KH

1 Penne nach Packungsanweisung in Salzwasser bissfest garen, in ein Sieb abgießen und nur leicht abtropfen lassen. Gleich zurück in den Topf geben, damit ein bisschen Nudelwasser erhalten bleibt: So verbinden sich Nudeln und Pesto später besser.

2 Während die Nudeln kochen, den Knoblauch schälen und halbieren. Petersilie und Minze waschen, trocken tupfen und die Blätter abzupfen. Die Walnüsse in einer Pfanne ohne Fett leicht rösten, bis sie duften, vom Herd nehmen und abkühlen lassen. Den Gouda grob reiben.

3 Die Nüsse grob hacken. Mit Kräutern, Knoblauch, Käse und Öl in einen hohen Rührbecher geben und mit dem Pürierstab fein pürieren. Das Pesto mit Salz, Pfeffer, 1 Prise Zucker und dem Zitronensaft würzen. 4–6 EL Pesto zu den Nudeln in den Topf geben und gut untermischen. Das übrige Pesto in ein Schraubglas füllen und mit etwas Olivenöl bedecken. Es hält sich im Kühlschrank mehrere Wochen und beglückt nochmals 4–6 Nudelesser.

VARIANTE

TOMATENPESTO

1 EL Cashewkerne in einer Pfanne ohne Fett rösten, vom Herd nehmen und abkühlen lassen. 1 gehackte Knoblauchzehe, 100 g gehackte getrocknete Tomaten (in Öl) und 1 EL gehackte schwarze Oliven (ohne Stein) in einen hohen Rührbecher geben. 30 g geriebenen Gouda oder Parmesan und 50 ml Olivenöl hinzufügen und alles fein pürieren. 2 Zweige Thymian waschen und trocken tupfen, die Blättchen abzupfen und mit 1 TL Chilipulver unterrühren. Das Pesto mit Salz und Pfeffer würzen und mit Nudeln servieren. Es hält sich gut verschlossen im Kühlschrank ca. 2 Wochen.

GNOCCHI-AUFLAUF MIT TOMATEN

150 g Babyspinat | 1 Zwiebel | 1 Knoblauchzehe | 3 Tomaten | 2 EL Olivenöl | Salz | Pfeffer | frisch geriebene Muskatnuss | 1 EL Schmand | 200 g Gnocchi (aus dem Kühlregal) | 1 Kugel Mozzarella (ca. 125 g) | 2 Stiele Basilikum

Wohlfühlküche all'italiana

Für 2 Personen | 40 Min. Zubereitung
Pro Portion ca. 470 kcal, 19 g EW, 25 g F, 40 g KH

1 Backofen auf 200° vorheizen. Den Spinat verlesen, gründlich waschen und gut abtropfen lassen. Zwiebel und Knoblauch schälen und klein würfeln. Tomaten waschen, halbieren und in Würfel schneiden, dabei die Stielansätze entfernen. In einer beschichteten Pfanne 1 EL Öl erhitzen, Zwiebel und Knoblauch darin andünsten. Spinat dazugeben und ca. 3 Min. mitdünsten. Mit Salz, Pfeffer und Muskatnuss würzen. Den Schmand unterrühren.

2 Gnocchi nach Packungsanweisung in Salzwasser ca. 3 Min. garen und vorsichtig abgießen oder mit einem Schaumlöffel herausheben. Den Mozzarella abtropfen lassen und in Scheiben schneiden.

3 Eine Auflaufform mit ½ EL Öl fetten. Gnocchi, Tomaten und Spinat mischen und in die Form geben. Mit den Mozzarellascheiben belegen, mit dem restlichen Öl beträufeln und im Ofen (Mitte) ca. 20 Min. backen. Basilikum waschen, trocken tupfen und die Blätter abzupfen. Den Auflauf aus dem Ofen nehmen und mit Basilikum bestreuen.

TIPP

Noch würziger schmeckt der Auflauf, wenn Ihr ihn zusätzlich mit 2 EL geriebenem Parmesan oder Bergkäse bestreut, bevor Ihr ihn in den Backofen schiebt.

KARTOFFEL-KOHLRABI-AUFLAUF

350 g vorwiegend festkochende Kartoffeln | Salz | 2 Kohlrabi (ca. 300 g) | ¼ l Gemüsebrühe | 1 Zwiebel | 70 g gekochter Schinken (in Scheiben) | 3 TL Butter | 2 TL Mehl | 60 g Sahne | Pfeffer | frisch geriebene Muskatnuss | 30 g Gouda (am Stück) | 2 Stiele Petersilie

Deftiger Ofenhit

Für 2 Personen | 50 Min. Zubereitung
Pro Portion ca. 400 kcal, 18 g EW, 22 g F, 30 g KH

1 Den Backofen auf 200° vorheizen. Die Kartoffeln gründlich unter kaltem Wasser abbürsten und in Salzwasser in ca. 20 Min. knapp gar kochen. Abgießen, ausdampfen lassen, pellen und in Scheiben schneiden. Während die Kartoffeln kochen, den Kohlrabi schälen, halbieren und in Scheiben schneiden. Kohlrabi in der Brühe ca. 10 Minuten dünsten. Abgießen und die Brühe dabei auffangen.

2 Die Zwiebel schälen und klein würfeln. Den Schinken in ca. 4 cm lange Streifen schneiden. 2 TL Butter in einem Topf zerlassen und die Zwiebel darin andünsten. Das Mehl darüberstäuben und unter Rühren anschwitzen. Zuerst die Brühe, dann die Sahne nach und nach unterrühren. Die Béchamelsauce mit Salz, Pfeffer und Muskatnuss kräftig würzen. Den Käse reiben.

3 Eine Auflaufform mit der übrigen Butter fetten. Kartoffeln, Kohlrabi und Schinken abwechselnd einschichten. Die Sauce gleichmäßig darübergießen und den Käse darüberstreuen. Den Auflauf im Ofen (Mitte) ca. 20 Min. backen. Inzwischen die Petersilie waschen, trocken tupfen und die Blätter abzupfen. Den Auflauf aus dem Ofen nehmen und mit Petersilie bestreut servieren.

OFENGEMÜSE MIT KORIANDER-DIP

Schon wieder Gemüse? Na klar, denn diesmal wird es ganz praktisch im Ofen gegart und vorher raffiniert mariniert. Der Clou dazu: ein würziger Dip!

Für das Gemüse:
250 g Hokkaidokürbis
4 Möhren
1 Zucchino
4 Frühlingszwiebeln
50 ml Olivenöl
1 EL Zitronensaft
½ TL getrockneter Thymian
Salz | Pfeffer

Für den Dip:
1 TL Korianderkörner
1 Knoblauchzehe
160 g Quark (20 % Fett)
1 TL Saft und abgeriebene Schale von 1 Bio-Zitrone
Salz | Pfeffer
2 Stiele Petersilie

Für Veggie-Fans

Für 2 Personen |
35 Min. Zubereitung |
40 Min. Backen
Pro Portion ca. 420 kcal,
16 g EW, 31 g F, 19 g KH

1 Für das Gemüse den Kürbis waschen, Kerne und Fasern mit einem Löffel herauskratzen (Bild 1). Den Kürbis in Stücke schneiden. Die Möhren putzen und schälen, den Zucchino putzen und waschen. Möhren längs halbieren, Zucchino längs vierteln, dann beides schräg in Stücke schneiden (Bild 2). Frühlingszwiebeln putzen, waschen und quer vierteln.

2 Öl, Zitronensaft, Thymian, Salz und Pfeffer verrühren. Das Gemüse auf ein Backblech oder in eine große Auflaufform geben, mit der Marinade beträufeln und zugedeckt ca. 20 Min. ziehen lassen. Backofen auf 200° vorheizen. Gemüse im Ofen (Mitte) in ca. 40 Min. weich garen, dabei ab und zu wenden.

3 Inzwischen für den Dip die Korianderkörner im Mörser, mit einem Messer oder Löffel, einem Stieltopf oder einer Pfanne fein zerstoßen (Bild 3). Den Knoblauch schälen und sehr fein hacken. Beides mit Quark, Zitronensaft und -schale, Salz und Pfeffer verrühren. Die Petersilie waschen und trocken tupfen, die Blätter abzupfen und fein hacken. Die Petersilie unter den Dip rühren und diesen bis zum Servieren zugedeckt ziehen lassen.

4 Das Backblech oder die Form aus dem Ofen nehmen und das Gemüse auf Teller verteilen. Den Koriander-Dip nochmals abschmecken und dazu servieren. Dazu passt Fladenbrot.

TIPP Natürlich könnt Ihr auch andere Gemüse nehmen. Je nach Geschmack und Saison eignen sich Kartoffeln oder Süßkartoffeln, Paprikaschoten, Pastinaken oder Knollensellerie. Kartoffeln solltet Ihr ca. 15 Min. vorgaren.

1

2

3

RINDFLEISCHPFANNE MIT CHILI-JOGHURT

1 kleine rote Chilischote | 150 g Naturjoghurt | 1 TL Tomatenmark | Zucker | Salz | Pfeffer | 250 g Pilze (z. B. Champignons, Kräutersaitlinge, Austernpilze) | 1 Frühlingszwiebel | 150 g Rindfleisch (z. B. Schulter oder Hüfte) | 2 EL Sonnenblumenöl | 2 EL flüssige Gemüsebrühe | edelsüßes Paprikapulver | 80 g Sahne | 1 Pck. gemischte TK-Kräuter

Bei Bärenhunger

Für 2 Personen | 30 Min. Zubereitung
Pro Portion ca. 430 kcal, 25 g EW, 32 g F, 9 g KH

1 Die Chilischote längs halbieren, entkernen, waschen und fein hacken. Joghurt , Tomatenmark und Chili in einem kleinen Schälchen gründlich verrühren. Mit 1 Prise Zucker, Salz und Pfeffer abschmecken. Den Chili-Joghurt zugedeckt ziehen lassen, bis die Rindfleischpfanne fertig ist.

2 Die Pilze putzen, trocken abreiben und halbieren oder vierteln. Die Frühlingszwiebel putzen und waschen, das Grün in Ringe schneiden und beiseitelegen. Das Frühlingszwiebelweiß in Scheiben schneiden. Das Rindfleisch in ca. 2 mm dicke und 3 cm lange Streifen schneiden.

3 In einer beschichteten Pfanne 1 EL Öl erhitzen, das Fleisch darin unter Rühren rundum anbraten. Salzen und pfeffern, herausnehmen und beiseitestellen.Das restliche Öl erhitzen, das Frühlingszwiebelweiß und die Pilze darin anbraten. Das RIndfleisch untermischen, die Brühe hinzufügen und alles ca. 6 Min. garen. Mit Salz, Pfeffer und Paprika würzen. Sahne und Kräuter dazugeben und ca. 2 Min. erwärmen. Rindfleischpfanne und Chili-Joghurt abschmecken, das Pfannengericht mit Frühlingszwiebelgrün bestreuen und mit dem Joghurt servieren. Dazu passen Bratkartoffeln.

BRATREIS MIT GEMÜSE UND EI

100 g Langkornreis | Salz | 1 Stange Lauch | 2 Möhren | 1 Zucchino | 1 rote Peperoni | 1 Bund Schnittlauch | 2 EL Sonnenblumenöl | 2 EL Sojasauce | Currypulver | 3 Eier | Pfeffer

Knackige Asia-Küche

Für 2 Personen | 25 Min. Zubereitung
Pro Portion ca. 460 kcal, 19 g EW, 20 g F, 50 g KH

1 Den Reis nach Packungsanweisung in Salzwasser ca. 12 Min. garen. In ein Sieb abgießen und mit einer Gabel etwas auflockern.

2 Inzwischen den Lauch putzen, waschen und in Ringe schneiden. Die Möhren putzen und schälen, Zucchino putzen und waschen. Beides in dünne Streifen schneiden. Peperoni halbieren, entkernen und in dünne Streifen schneiden. Schnittlauch waschen, trocken tupfen und in Röllchen schneiden.

3 Das Öl in einer großen Pfanne erhitzen. Lauch und Möhren darin anbraten. Zucchino und Peperoni untermischen, ca. 3 EL Wasser und 1 EL Sojasauce unterrühren und alles ca. 2 Min. braten. Mit Currypulver würzen. Den Reis untermischen und unter Wenden kurz anbraten. Die Eier mit der übrigen Sojasauce und Pfeffer in einer Schüssel verquirlen. Unter Rühren dazugießen und die Eier stocken lassen. Mit dem Schnittlauch bestreuen und sofort servieren.

TIPP

Dieses asiatisch inspirierte Rezept ist richtig gesundes Fast Food! Ihr könnt das Rezept mit allen Gemüsesorten zubereiten, die Ihr gerade im Haus habt. Je härter das Gemüse ist, umso kleiner müsst Ihr es schneiden, damit es schnell gar ist.

HÄHNCHENKEULEN MIT SESAMMÖHREN

So geht Hähnchen heute: locker vorzubereiten, exotisch und aufregend anders. Das Beste: Die Keulen schmecken auch kalt, perfekt für ein Picknick.

Für die Hähnchenkeulen:
2 Hähnchenkeulen (à ca. 250 g)
2 TL rosenscharfes Paprikapulver
1 TL getrockneter Thymian
Zimtpulver
¼ TL gemahlener Kreuzkümmel
Salz | Pfeffer
8 EL Olivenöl

Für die Sesammöhren:
500 g Möhren
2 Zwiebeln
2 EL Sesamsamen
2 EL Sonnenblumenöl
50 ml Gemüsebrühe
2 TL Sojasauce
1 EL flüssiger Honig
Pfeffer
2 Stiele Petersilie

Macht Eindruck

Für 2 Personen | 1 Std. Zubereitung | 1 Std. Marinieren
Pro Portion ca. 635 kcal, 38 g EW, 44 g F, 21 g KH

1 Für die Hähnchenkeulen die Keulen im Gelenk durchschneiden, kalt abbrausen und mit Küchenpapier trocken tupfen. Paprika, Thymian, 1 Prise Zimt, Kreuzkümmel, Salz, Pfeffer und Öl zu einer Marinade verrühren. Die Hähnchenkeulen damit einreiben und zugedeckt ca. 1 Std. marinieren.

2 Den Backofen auf 200° vorheizen. Marinierte Hähnchenkeulen auf ein Backblech legen und im Ofen (Mitte) in ca. 45 Min. knusprig braten, dabei ab und zu wenden. Am Ende der Garzeit einen Holzspieß in die dickste Stelle der Keule stechen: Tritt klare Flüssigkeit aus, ist der Hähnchenschenkel gar, ist die Flüssigkeit blutig, noch kurz weitergaren.

3 Inzwischen für die Sesammöhren die Möhren putzen, schälen und in Scheiben oder Stifte schneiden. Die Zwiebeln schälen, halbieren und in dünne Ringe schneiden. Den Sesam in einer Pfanne ohne Fett leicht rösten, vom Herd nehmen und beiseitestellen. Das Öl in einem Topf erhitzen und die Zwiebeln darin anbraten. Die Möhren dazugeben und kurz mit anbraten. Mit der Brühe ablöschen und zugedeckt bei mittlerer Hitze ca. 12 Min. dünsten. Mit Sojasauce, Honig und Pfeffer würzen. Ca. 2 Min. vor Ende der Garzeit den Sesam unterrühren. Die Petersilie waschen und trocken tupfen, die Blätter abzupfen, fein schneiden und über die Möhren streuen. Mit den Hähnchenkeulen anrichten. Dazu passt Kartoffelpüree (siehe S. 40).

TIPP

Ihr könnt die Hähnchenkeulen auch in einer Pfanne mit ofenfestem Griff auf der Herdplatte rundherum knusprig anbraten und dann im Backofen fertig garen.

PUTENSCHNITZEL MIT GURKENSALAT

Was lieben wir am Schnitzel besonders? Die Panade! Damit sie goldbraun und knusprig wird, wird das Fleisch fast schwimmend im Fett ausgebacken!

Für den Salat:
1 Salatgurke
Salz | Pfeffer
Zucker
1 kleine Zwiebel
2 EL Weißweinessig
3 EL Sonnenblumenöl
½ Bund Dill
Für die Schnitzel:
2 Bio-Putenschnitzel (à ca. 200 g)
Salz | Pfeffer
Cayennepfeffer
1 Ei
1 EL Milch
3 EL Mehl
100 g Semmelbrösel
6 EL Butterschmalz
1 Bio-Zitrone

Klassiker mal anders

Für 2 Personen | 30 Min. Zubereitung
Pro Portion ca. 765 kcal, 57 g EW, 32 g F, 61 g KH

1 Für den Salat die Gurke schälen und in dünne Scheiben hobeln. Mit Salz, Pfeffer und 1 Prise Zucker würzen und ca. 5 Min. ziehen lassen. Dann die ausgetretene Flüssigkeit abgießen. Die Zwiebel schälen und in kleine Würfel schneiden. Mit Essig und Öl verrühren und unter die Gurkenscheiben rühren. Den Dill waschen und trocken tupfen, die Spitzen abzupfen und fein hacken. Unter die Gurken mischen und den Salat zugedeckt ziehen lassen.

2 Für die Putenschnitzel das Fleisch kalt abbrausen und mit Küchenpapier trocken tupfen. Mit Frischhaltefolie abdecken und vorsichtig etwas flacher klopfen (z. B. mit einem Stieltopf). Die Schnitzel mit Salz, Pfeffer und Cayennepfeffer würzen.

3 Das Ei mit der Milch in einem tiefen Teller verquirlen. Mehl und Semmelbrösel jeweils auf einen Teller streuen. Die Schnitzel zunächst im Mehl wenden, dann durch das verquirlte Ei ziehen und zuletzt in den Semmelbröseln wenden.

4 In einer großen Pfanne das Butterschmalz stark erhitzen und die Schnitzel darin ca. 3 Min. braten. Wenden und auf der zweiten Seite ebenfalls ca. 3 Min. braten. Die Panade sollte goldbraun sein. Die Zitrone heiß waschen, abtrocknen und in Spalten schneiden. Die Putenschnitzel mit dem Gurkensalat und den Zitronenspalten auf Tellern anrichten.

TIPP Ihr könnt das Rezept natürlich auch mit Hähnchenbrustfilet zubereiten. Oder Euch gleich an den Klassiker, das berühmte Wiener Schnitzel, machen. Dafür Kalbsschnitzel verwenden.

FISCH IN SENFSAUCE MIT KARTOFFELPÜREE

Bei mir gibt's nicht nur freitags Fisch, sondern immer, wenn ich Lust darauf habe – und das herrliche Kartoffelpüree könnte ich sowieso jeden Tag essen.

Für das Püree:
400 g mehligkochende Kartoffeln
Salz
1 EL Butter
2 EL Milch
Pfeffer
frisch geriebene Muskatnuss

Für den Fisch und die Sauce:
1 kleine Zwiebel
1 TL Butter
2 ½ EL Mehl
2 EL Gemüsebrühe
125 g Sahne
50 ml Milch
2 – 3 EL körniger Senf
Salz | Pfeffer
½ TL Zitronensaft
½ Bund Dill
2 Lachsforellenfilets (à ca. 200 g)
1 EL Butterschmalz

Brainfood vom Feinsten

Für 2 Personen | 35 Min. Zubereitung
Pro Portion ca. 785 kcal, 45 g EW, 48 g F, 43 g KH

1 Für das Püree die Kartoffeln schälen und in Salzwasser in ca. 20 Min. weich garen. Abgießen und ausdampfen lassen. Die Kartoffeln mit einer stabilen Gabel oder einem Kartoffelstampfer zerdrücken, dabei Butter und Milch dazugeben, sodass ein cremiges, aber noch leicht stückiges Püree entsteht. Mit Salz, Pfeffer und Muskatnuss kräftig würzen und im Topf zugedeckt auf der ausgeschalteten Herdplatte warm halten.

2 Während die Kartoffeln kochen, für die Senfsauce die Zwiebel schälen und klein würfeln. Die Butter in einem Topf zerlassen und die Zwiebel darin andünsten. 1 TL Mehl darüberstäuben und unter Rühren anschwitzen. Brühe, Sahne und Milch unterrühren und die Sauce kurz köcheln lassen. Den Senf untermischen, mit Salz, Pfeffer und Zitronensaft abschmecken. Den Dill waschen und trocken tupfen, die Spitzen abzupfen, fein hacken und beiseitelegen.

3 Die Fischfilets kalt abbrausen, trocken tupfen, salzen und pfeffern. Das übrige Mehl auf einen Teller geben und die Filets darin wenden. Das Butterschmalz in einer beschichteten Pfanne erhitzen und die Fischfilets darin auf jeder Seite ca. 3 Min. braten.

4 Den Dill unter die Sauce rühren. Die Fischfilets mit der Senfsauce und dem Kartoffelpüree auf Tellern anrichten. Die Filets können auch in der Sauce serviert werden.

TIPP

Ihr könnt natürlich auch einen anderen Fisch verwenden, beispielsweise Saibling. Bei Salzwasserfisch ist es sinnvoll, den Fischhändler um Rat zu fragen, damit kein überfischter Meeresbewohner in Eurer Pfanne landet.

KOCHEN FÜR VIELE

Egal, wen Ihr erwartet, Freunde, die Lerngruppe oder vielleicht sogar die Eltern, immer lautet die große Frage: Was kochen? Ganz klar: etwas, das nicht viel kostet, alle überrascht, jedem schmeckt – und gaaaanz viel Lob einbringt. Hier meine besten Ideen dazu.

BOLOGNESE ALLA MAMMA

Gibt es jemanden, der dieses Essen nicht liebt? Selbst wenn die Stimmung im Keller ist – sobald ein Teller Bolognese auf dem Tisch steht, ist alles wieder gut!

1 Bund Suppengrün
2–3 Möhren
4 Zwiebeln
2 Knoblauchzehen
4 EL Olivenöl
1 TL Zucker
400 g gemischtes Hackfleisch
2–3 EL Tomatenmark
225 ml Gemüsebrühe
2 kleine Dosen stückige Tomaten (à 400 g)
1 TL getrockneter Oregano
Salz | Pfeffer
400 g Spaghetti
4 Stiele Basilikum
Parmesan zum Servieren (nach Belieben)

Italo-Klassiker

Für 4 Personen | 20 Min. Zubereitung | 1 Std. Garen
Pro Portion ca. 780 kcal, 35 g EW, 33 g F, 84 g KH

1 Das Suppengrün putzen und waschen bzw. schälen und fein würfeln. Möhren, Zwiebeln und Knoblauch schälen und würfeln. Das Öl in einem großen Topf erhitzen, zuerst Zwiebeln und Knoblauch, dann das vorbereitete Gemüse darin unter Rühren anbraten. Mit dem Zucker bestreuen und etwas karamellisieren lassen.

2 Das Hackfleisch dazugeben und unter Rühren kräftig anbraten, bis es krümelig ist. Das Tomatenmark unterrühren. Mit 100 ml Brühe ablöschen und ca. 10 Min. schmoren. Danach die Dosentomaten und die übrige Brühe unterrühren. Mit Oregano, Salz und Pfeffer würzen und alles ca. 50 Min. schmoren lassen, dabei sollte die Flüssigkeit etwas einkochen.

3 Rechtzeitig vor dem Ende der Garzeit die Spaghetti nach Packungsanweisung in Salzwasser bissfest garen. Das Basilikum waschen, trocken tupfen und die Blätter abzupfen. Die Spaghetti in ein Sieb abgießen, abtropfen lassen, auf Teller verteilen und mit der Bolognese servieren. Mit Basilikum garnieren und nach Belieben mit etwas Parmesan bestreuen.

TIPP

Bolognese schmeckt am allerbesten, wenn Ihr sie einen Tag vorher zubereitet und dann aufwärmt. Das Geheimnis einer guten Bolognese besteht darin, sie langsam und lange zu schmoren, bis fast die gesamte Flüssigkeit eingekocht ist. Noch raffinierter wird die Sauce, wenn Ihr 100–150 ml Brühe durch Rotwein ersetzt.

GULASCHSUPPE MIT PAPRIKA

Diese deftige Suppe schmeckt nicht nur in der Lernpause, sondern ist auch das perfekte Mitternachtsessen: Sie macht satt und weckt die Lebensgeister.

500 g Rindfleisch (aus der Schulter)
2 rote Zwiebeln
2 Knoblauchzehen
je 2 rote und gelbe Paprikaschoten
4 vorwiegend festkochende Kartoffeln
4 EL Olivenöl
2 – 3 EL Tomatenmark
2 TL rosenscharfes Paprikapulver
abgeriebene Schale und Saft von 1 Bio-Zitrone
Salz | Pfeffer
800 ml Fleischbrühe
½ Bund Petersilie

Party-Liebling

Für 4 Personen | 15 Min. Zubereitung | 45 Min. Garen
Pro Portion ca. 510 kcal, 37 g EW, 30 g F, 16 g KH

1 Das Fleisch in ca. 3 cm große Würfel schneiden. Zwiebeln und Knoblauch schälen und würfeln. Paprikaschoten längs vierteln und putzen, also Trennwände und Kerne entfernen (Bild 1). Die Viertel waschen und in grobe Würfel schneiden. Die Kartoffeln schälen und ebenfalls in Würfel schneiden.

2 Das Öl in einem großen Topf erhitzen, Zwiebeln, Knoblauch und Fleisch darin unter Rühren anbraten (Bild 2). Das Tomatenmark unterrühren. Die Paprikawürfel dazugeben und kurz mitbraten. Paprikapulver und Zitronenschale hinzufügen. Mit Zitronensaft, Salz und Pfeffer würzen und die Brühe dazugießen (Bild 3). Zugedeckt ca. 45 Min. kochen lassen. Nach ca. 20 Min. Garzeit die Kartoffelwürfel untermischen.

3 Die Petersilie waschen und trocken tupfen, die Blätter abzupfen und fein hacken. Die Gulaschsuppe abschmecken und mit der Petersilie bestreuen. Dazu passt Baguette.

TIPP

Ihr könnt ca. 150 ml Brühe durch Rotwein ersetzen. Mit 1 Klecks saurer Sahne oder Schmand bekommt die Suppe eine cremige Note. Und Kräuterfans bereiten als würziges Extra noch schnell eine Gremolata zu: Einfach die abgeriebene Schale von 2 Bio-Zitronen mit 1 gehackten Knoblauchzehe und 1 Bund fein gehackter Petersilie oder Minze gut mischen. Auf Toastbrot- oder Baguettescheiben streichen und zur Suppe servieren. Übrigens: Die Gulaschsuppe ist ideal für eine große Runde, denn die Mengen könnt Ihr 1:1 verdoppeln oder verdreifachen; evtl. verlängert sich die Garzeit.

1

2

3

SPINATKNÖDEL MIT NUSSBUTTER

1,2 kg frischer Spinat (ersatzweise 450 g aufgetauter TK-Spinat) | 450 g Weißbrot (vom Vortag) | 300 – 400 ml lauwarme Milch | 2 Zwiebeln | 4 EL Olivenöl | 100 g geriebener alter Gouda | 4 Eier | 2 – 4 EL Mehl | Salz | Pfeffer | 80 g Butter | 2 EL gemahlene Haselnüsse

Seelenfutter für Hungrige

Für 4 Personen | 40 Min. Zubereitung
Pro Portion ca. 820 kcal, 31 g EW, 46 g F, 72 g KH

1 Frischen Spinat verlesen, waschen, gut abtropfen lassen und grob hacken. Das Brot fein würfeln und in eine Schüssel geben. Die Milch dazugießen, kurz verkneten und ca. 30 Min. ziehen lassen. Inzwischen die Zwiebeln schälen und klein würfeln.

2 Das Öl in einer Pfanne erhitzen und die Zwiebeln darin andünsten. Den Spinat dazugeben und ca. 5 Min. schmoren, vom Herd nehmen und abkühlen lassen. Den Spinat mit 60 g Gouda, Eiern und Mehl zum Brot geben. Alle Zutaten gut verkneten. Falls die Masse zu feucht ist, noch etwas Mehl unterkneten. Mit Salz und Pfeffer kräftig würzen und ca. 15 Min. quellen lassen.

3 Mit angefeuchteten Händen aus der Masse 8 – 12 tennisballgroße Knödel formen und in reichlich siedendem Salzwasser in ca. 20 Minuten gar ziehen lassen. Inzwischen die Butter in einer großen Pfanne zerlassen und leicht bräunen. Die gemahlenen Nüsse dazugeben und kurz anrösten, nicht zu stark erhitzen. Die Spinatknödel mit einem Schaumlöffel aus dem Topf heben und gut abtropfen lassen, dann in der Nussbutter schwenken. Die Knödel zum Servieren mit dem übrigen Gouda bestreuen. Dazu passt ein grüner Salat.

GEMÜSECURRY MIT JASMINREIS

2 Knoblauchzehen | 2 Zucchini | 2 rote Paprikaschoten | 4 Möhren | 4 vorwiegend festkochende Kartoffeln | 1 Bund Frühlingszwiebeln | 1 rote Chilischote | 200 g Jasminreis | Salz | 3 EL Sonnenblumenöl | 2 EL Currypulver | 100 ml Gemüsebrühe | 200 ml Kokosmilch (aus der Dose) | Pfeffer

Kühlschrank-Aufräumer

Für 4 Personen | 30 Min. Zubereitung
Pro Portion ca. 510 kcal, 13 g EW, 19 g F, 72 g KH

1 Den Knoblauch schälen und fein hacken. Die Zucchini putzen und waschen. Die Paprikaschoten längs vierteln, putzen und waschen. Die Viertel ebenso wie die Zucchini in ca. 3 cm große Würfel schneiden. Möhren und Kartoffeln schälen und ebenfalls in Würfel schneiden. Die Frühlingszwiebeln putzen und waschen, das Grün abschneiden, in Röllchen schneiden und beiseitelegen. Das Frühlingszwiebelweiß schräg in ca. 2 cm dicke Scheiben schneiden. Die Chilischote längs halbieren, entkernen, waschen und fein hacken.

2 Den Reis nach Packungsanweisung in Salzwasser ca. 12 Min. garen. Inzwischen das Öl in einer großen Pfanne erhitzen und das Currypulver kurz darin anrösten. Knoblauch und Chili dazugeben und kurz anbraten. Möhren und Kartoffeln hinzufügen und einmal durchschwenken. Mit der Brühe ablöschen und das Gemüse ca. 8 Min. garen.

3 Dann Zucchini- und Paprikawürfel, Frühlingszwiebelweiß und Kokosmilch dazugeben. Das Gemüse in ca. 5 Min. bissfest garen, mit Salz würzen. Das Gemüsecurry mit dem Frühlingszwiebelgrün bestreuen und mit dem Reis anrichten.

KÄSESPÄTZLE MIT KNUSPERZWIEBELN

Sag doch mal »Cheeeeese«! Dieses schwäbische Traditionsgericht macht satt und glücklich und zaubert allen ein Lächeln ins Gesicht.

440 g Mehl (am besten Spätzlemehl)
8 Eier
Salz
4 Zwiebeln
100 g Bergkäse (am Stück)
100 g mittelalter Gouda (am Stück)
6 EL Butterschmalz
200 ml Gemüsebrühe
Pfeffer

Omas Familienrezept

Für 4 Personen | 45 Min. Zubereitung | 30 Min. Ruhen
Pro Portion ca. 875 kcal, 40 g EW, 43 g F, 81 g KH

1 400 g Mehl in eine Schüssel geben und in die Mitte eine Mulde drücken, Eier und 1 Prise Salz dazugeben. Alles mit einem Kochlöffel schlagen, bis ein glatter, etwas zähflüssiger Teig entstanden ist. Zugedeckt ca. 30 Min. ruhen lassen. Inzwischen die Zwiebeln schälen, in Ringe schneiden und im übrigen Mehl wenden, überschüssiges Mehl abklopfen. Beide Käsesorten reiben.

2 Reichlich Wasser in einem großen Topf zum Kochen bringen und salzen. Spätzlehobel oder -presse auf den Topf stellen, eine Portion Teig einfüllen und durch die Löcher drücken. Die Spätzle 1–2 Min. kochen lassen, bis sie nach oben steigen. Mit einem Schaumlöffel herausheben, gut abtropfen lassen, sofort in eine vorgewärmte Schüssel geben und warm halten. Den Vorgang 2–3-mal wiederholen, bis der Teig verbraucht ist.

3 Butterschmalz in einer Pfanne erhitzen, die Zwiebeln darin in zwei Portionen knusprig braten. Spätzle und Brühe in einer großen Pfanne erhitzen und ein Drittel der Zwiebeln untermischen. Den Käse dazugeben und unter Rühren schmelzen. Vom Herd nehmen, salzen und pfeffern. Die Spätzle mit den übrigen Röstzwiebeln bestreuen und servieren. Dazu passt grüner Salat.

TIPP Nicht jeder hat eine Spätzlepresse, man kann den Teig aber genauso gut mit einem Kochlöffel durch ein Plastiksieb schaben. Oder nimmt ein Spätzle- bzw. großes Holzbrett: Das Brett kurz ins kochende Wasser tauchen und 2 EL Teig aufstreichen, diesen mit einem angefeuchteten Teigschaber zuerst flach streichen und anschließend in dünnen Streifen ins Wasser schaben.

HÄHNCHEN-BURGER MIT CHILI-MAYO

1–2 kleine rote Chilischoten | 120 g Salatcreme | 150 g Naturjoghurt | 3–4 EL süßsaure Chilisauce | Salz | Pfeffer | 2 Tomaten | 1 kleine Salatgurke | 1 Römersalat | 4 EL Aceto balsamico bianco | 10 EL Olivenöl | 4 Hähnchenbrustfilets (à ca. 150 g) | 4 Sesam-Burger-Brötchen

Feuriger Fitness-Burger

Für 4 Personen | 40 Min. Zubereitung
Pro Portion ca. 705 kcal, 43 g EW, 36 g F, 50 g KH

1 Die Chilischoten längs halbieren, entkernen, waschen und sehr fein hacken. Mit Salatcreme, Joghurt und Chilisauce in einer Schüssel verrühren. Mit Salz und Pfeffer würzen und zugedeckt kühl stellen. Tomaten und Gurke waschen und in dünne Scheiben schneiden, dabei die Stielansätze der Tomaten entfernen. Den Salat putzen, waschen und trocken schleudern. 8 Blätter beiseitelegen, den Rest in Streifen schneiden. Essig, Salz, Pfeffer und 6 EL Öl zu einem Dressing verrühren. Klein geschnittenen Salat und Gurkenscheiben (bis auf 8 Scheiben) in eine Schüssel geben.

2 Die Hähnchenbrustfilets kalt abbrausen, trocken tupfen und mit Salz und Pfeffer würzen. Das übrige Öl in einer Pfanne erhitzen und das Fleisch darin auf jeder Seite in 6–8 Min. goldbraun braten. Die Brötchen halbieren und die unteren Hälften mit Chili-Mayo bestreichen, mit je 1 Salatblatt und 2 Gurkenscheiben belegen. Je 1 Hähnchenbrust daraufsetzen, Tomatenscheiben und Chili-Mayo darübergeben. 1 Salatblatt darauflegen, erneut Chili-Mayo daraufstreichen und mit den oberen Brötchenhälften abdecken. Das Dressing mit den Salatzutaten mischen. Die Burger mit dem Salat und der übrigen Chili-Mayo servieren.

FLEISCHPFLANZERL MIT KARTOFFELSALAT

1,2 kg vorwiegend festkochende Kartoffeln | Salz | 3 Zwiebeln | 5 EL Öl | 160 ml Gemüsebrühe | 3 – 4 EL Aceto balsamico bianco | 4 Gewürzgurken | 120 g Salatcreme | 2 TL Senf | Pfeffer | 1 Brötchen (vom Vortag) | 400 g gemischtes Hackfleisch | 1 Ei | 1 Kästchen Kresse

Oldie but Goldie

Für 4 Personen | 30 Min. Zubereitung | 1 Std. Marinieren
Pro Portion ca. 660 kcal, 29 g EW, 38 g F, 50 g KH

1 Die Kartoffeln gründlich unter kaltem Wasser abbürsten und in Salzwasser in ca. 20 Min. gar kochen. Inzwischen die Zwiebeln schälen und klein würfeln. In einem Topf 1 EL Öl erhitzen und die Hälfte der Zwiebeln darin andünsten. Mit der Brühe ablöschen und diese aufkochen lassen. Vom Herd nehmen, 2 EL Öl und den Essig unterrühren. Die Kartoffeln abgießen, ausdampfen lassen, pellen und in Scheiben schneiden. Mit der heißen Brühe übergießen und ca. 1 Std. marinieren lassen.

2 Inzwischen die Gewürzgurken klein würfeln. Mit Salatcreme und Senf verrühren und unter den Kartoffelsalat mischen. Den Salat mit Salz und Pfeffer abschmecken und ca. 15 Min. ziehen lassen. Das Brötchen in lauwarmem Wasser ca. 10 Min. einweichen. Ausdrücken und mit Hackfleisch, restlichen Zwiebelwürfeln, Ei, Salz und Pfeffer verkneten. Aus der Masse mit angefeuchteten Händen 8 Pflanzerl formen und diese etwas flach drücken.

3 Das restliche Öl in einer Pfanne erhitzen und die Pflanzerl darin portionsweise auf jeder Seite in 4 – 5 Min. braun braten. Die Kresse abschneiden, den Salat nochmals abschmecken, mit der Kresse bestreuen und mit den Pflanzerln servieren.

SCHWEINEBRATEN MIT KNÖDELN

Zugegeben, dieser Sonntagsklassiker ist schon mit ein bisschen Aufwand verbunden. Dafür könnt Ihr damit aber auch mächtig Eindruck machen.

Für den Braten:
1,2 kg Schweinebraten (am besten aus dem Nacken, siehe Tipp)
Salz | Pfeffer
2 EL Senf
3 – 4 große Zwiebeln
2 Stiele Majoran
4 EL Butterschmalz
600 ml Fleischbrühe
1 – 2 TL edelsüßes Paprikapulver
2 Lorbeerblätter
200 ml Malzbier
40 g kalte Butter

Für die Knödel:
1 Pck. Knödelteig (für 4 – 6 Stück, aus dem Kühlregal)
Salz | 40 g Butter
2 EL gemahlene Haselnüsse

Macht satt und glücklich

Für 4 Personen | 30 Min. Zubereitung | 1 Std. 15 Min Garen
Pro Portion ca. 880 kcal, 30 g EW, 55 g F, 61 g KH

1 Für den Braten den Backofen auf 180° vorheizen. Das Fleisch rundum mit Salz und Pfeffer würzen und mit Senf bestreichen. Die Zwiebeln schälen und in Spalten schneiden. Den Majoran waschen und trocken tupfen. Das Butterschmalz in einer großen Pfanne erhitzen und das Fleisch darin rundum ca. 6 Min. anbraten. Die Zwiebeln dazugeben und ca. 2 Min. mitbraten.

2 Den Braten und die Zwiebeln in ein tiefes Backblech geben, die Brühe dazugießen und Majoran, Paprika und Lorbeer hinzufügen. Den Braten im Ofen (Mitte) ca. 1 Std. schmoren, dabei die ersten 30 – 40 Min. mit Alufolie abdecken.

3 Das Blech herausnehmen, den Braten mit dem Bier begießen und noch ca. 15 Min. schmoren. Herausnehmen, auf eine Platte legen und bei 50° im Ofen warm halten. Den Fond vom Blech durch ein Sieb in einen Topf gießen und etwas einkochen lassen.

4 Während der Braten gart, aus dem Knödelteig nach Packungsanweisung 4 – 6 Knödel formen und in Salzwasser garen. Herausheben und gut abtropfen lassen. Die Butter in einer Pfanne zerlassen, die Nüsse unterrühren und die Knödel darin schwenken.

5 Die kalte Butter unter die Sauce rühren, bis sie bindet. Mit Salz und Pfeffer abschmecken. Den Braten in Scheiben schneiden, mit Sauce und Knödeln servieren. Dazu passt Weißkrautsalat.

TIPP

Das Nackenstück ist ideal für Braten, da es marmoriert ist und deshalb saftig und zart wird. Den Braten anfangs abdecken, damit die Schmorflüssigkeit nicht verdampft.

PIZZA »ALLES MUSS RAUS«

Hier ist der Name Programm: Belegen kann man die Pizza mit allem, was schmeckt. Der Fantasie sind keine Grenzen gesetzt – und unserem Pizzahunger auch nicht!

Für den Teig:
300 g Mehl
½ Würfel frische Hefe (21 g)
Salz | Zucker
3 – 4 EL Olivenöl
Mehl zum Arbeiten
Für den Belag:
1 kleine Dose Tomaten (400 g)
1 – 2 TL Zucker
Salz | Pfeffer
2 Tomaten
1 gelbe Paprikaschote
60 g Salami am Stück
2 rote Zwiebeln
1 Glas Artischockenherzen (ca. 425 ml)
2 Kugeln Mozzarella (à 125 g)
4 Stiele Basilikum
4 EL geriebener Parmesan

Schmeckt immer und allen

Für 4 Personen | 40 Min. Zubereitung | 1 Std. Gehen | 20 – 30 Min. Backen
Pro Portion ca. 705 kcal, 33 g EW, 32 g F, 72 g KH

1 Für den Teig das Mehl in eine Schüssel geben. Die Hefe mit 7 – 8 EL lauwarmem Wasser verrühren. Mit je 1 Prise Salz und Zucker sowie dem Öl zum Mehl geben. Alle Zutaten mit den Knethaken des Handrührgeräts rasch zu einem glatten Teig verkneten. Falls der Teig zu flüssig sein sollte, einfach noch etwas Mehl unterkneten; ist er zu fest, etwas Öl und Wasser dazugeben. Den Teig zu einer Kugel formen und die Schüssel mit einem Geschirrtuch zudecken. Den Teig an einem warmen Ort ca. 1 Std. gehen lassen, bis er sein Volumen verdoppelt hat.

2 Inzwischen für den Belag die Dosentomaten mit dem Pürierstab grob pürieren, mit Zucker, Salz und Pfeffer würzen. Die frischen Tomaten waschen und in Scheiben schneiden, dabei die Stielansätze entfernen. Die Paprikaschote längs vierteln, putzen und waschen, die Viertel in Streifen schneiden. Die Salami in hauchdünne Scheiben schneiden. Die Zwiebeln schälen, halbieren und in Ringe schneiden. Die Artischockenherzen abtropfen lassen, große Stücke evtl. halbieren. Den Mozzarella abtropfen lassen und in Scheiben schneiden. Basilikum waschen, trocken tupfen und die Blätter abzupfen.

3 Den Backofen auf 250° (Umluft nicht geeignet) vorheizen. Den Teig durchkneten und auf der bemehlten Arbeitsfläche mit dem Nudelholz auf die Größe des Backblechs ausrollen. Das Backblech mit Backpapier belegen und den Teig daraufgeben. Die Tomatensauce gleichmäßig auf dem Teig verstreichen, dabei rundherum einen ca. 1 cm breiten Rand frei lassen.

4 Den Teigboden mit Tomatenscheiben, Paprikastreifen, Salami, Zwiebeln, Artischockenherzen und Mozzarellascheiben belegen und mit dem Parmesan bestreuen. Die Pizza im Ofen (unten) in 20 – 30 Min. knusprig backen. In Stücke schneiden und mit den Basilikumblättern bestreuen.

ERDBEER-TIRAMISU MIT QUARK

300 g Erdbeeren | 120 g Sahne | 400 g Magerquark | 60 g Crème fraîche | 60 g Zucker | 16 – 20 Löffelbiskuits | 80 ml Orangensaft | 2 EL Kakaopulver | Minzeblätter zum Garnieren (nach Belieben)

Everybody's Darling

Für 4 Personen | 20 Min. Zubereitung
Pro Portion ca. 475 kcal, 20 g EW, 18 g F, 53 g KH

1 Die Erdbeeren putzen, waschen, trocken tupfen und – bis auf einige zum Garnieren – in Scheiben schneiden. Die Sahne mit den Schneebesen des Handrührgeräts steif schlagen. Quark und Crème fraîche mit Vanillezucker und Zucker in einer Schüssel verrühren. Dann die Sahne unterheben.

2 Die Hälfte der Löffelbiskuits dicht nebeneinander in eine Schale legen und mit 40 ml Orangensaft beträufeln. Die Hälfte der Erdbeeren darauf verteilen. Darauf wieder Löffelbiskuits legen und diese mit dem übrigen Orangensaft beträufeln. Mit den übrigen Erdbeeren belegen und den Quark darauf verteilen. Den Kakao darübersieben. Das Tiramisu mit den beiseitegelegten Erdbeeren und nach Belieben den Minzeblättern garnieren.

TIPP

Dieses Dessert ist ein Super-Mitbringsel für Partys. Statt nur mit Orangensaft könnt Ihr die Löffelbiskuits auch mit einer Mischung aus 120 ml abgekühltem Espresso und 4 EL Orangenlikör oder -saft beträufeln. Und »Schichtarbeiter« können den Quark halbieren und jeweils in einer Lage auf den Erdbeeren verteilen.

APPLE CRUMBLE

4 säuerliche Äpfel (z. B. Boskop) | 4 TL Zitronensaft | ½ TL Zimtpulver | 2 Msp. frisch geriebene Muskatnuss | 6 EL Zucker | 40 g Butter | 2 EL Mehl | 2 EL kernige Haferflocken | 1 TL gehackte Mandeln | Salz | Butter für die Form

Zum Dahinschmelzen

Für 4 Personen | 15 Min. Zubereitung | 30 Min. Backen
Pro Portion ca. 280 kcal, 2 g EW, 10 g F, 44 g KH

1 Den Backofen auf 180° vorheizen und eine Auflaufform mit Butter fetten. Die Äpfel schälen, vierteln und entkernen. Die Viertel längs in Scheiben schneiden, mit Zitronensaft, Zimt, Muskatnuss und 2 EL Zucker mischen. In die Auflaufform geben.

2 Die Butter in Stücke schneiden und mit Mehl, Haferflocken, Mandeln, restlichem Zucker und 1 Prise Salz mit den Fingern rasch zu groben Streuseln verkneten. Die Streusel über den Äpfeln verteilen und den Crumble im Ofen (Mitte) ca. 30 Min. backen, bis die Äpfel weich und die Streusel goldbraun sind. Sofort servieren.

TIPP

Zum Apple Crumble könnt Ihr geschlagene Sahne, Eis oder Vanillesauce servieren. Die Äpfel sollten säuerlich sein, beim Backen entsteht dann die unwiderstehlich süßsaure Mischung. Wer mag, mischt noch 2 EL Trockenfrüchte wie Rosinen, Kirschen oder Cranberrys unter die Apfelscheiben.

REGISTER

Damit Ihr Rezepte mit bestimmten Zutaten noch schneller findet, sind in diesem Register auch beliebte Zutaten wie **Hähnchen** oder **Kartoffeln** alphabetisch eingeordnet und hervorgehoben. Darunter findet Ihr das Rezept Eurer Wahl. Vegetarische Rezepte, die im Buch mit einem gekennzeichnet sind, sind hier grün abgesetzt.

Projektleitung: Kathrin Ullerich
Lektorat: Katharina Lisson
Korrektorat: Jutta Friedrich
Innen- und Umschlaggestaltung: independent Medien-Design, Horst Moser, München
Herstellung: Sigrid Frank
Satz: Kösel, Krugzell
Reproduktion: Repro Ludwig, Zell am See
Druck und Bindung: Schreckhase, Spangenberg
Syndication: www.jalag-syndication.de

1. Auflage 2014
ISBN 978-3-8338-3966-5
www.facebook.com/gu.verlag

GRÄFE UND UNZER
Ein Unternehmen der
GANSKE VERLAGSGRUPPE

Die Autorin

Flora Hohmann veranstaltet Kochkurse und -events und betreut seit mehreren Jahren den Kochclub Studentenküche in München. Die junge Küchenmeisterin arbeitet außerdem als Foodstylistin und tritt regelmäßig als TV-Köchin im ARD-Bufett auf.

Der Fotograf

Jörn Rynio kann seine Liebe für Essen und Trinken beruflich ausleben: In seinem Studio in Hamburg setzt er Food für internationale Zeitschriften, renommierte Verlage und Werbeagenturen stimmungsvoll in Szene. Sein Team bei diesem Buch: Rainer Meidinger (Foodstyling) und Michaela Suchy (Requisite).

Bildnachweis

Alle Fotos: Jörn Rynio, Hamburg

Titelrezept

Hähnchenkeulen mit Sesammöhren (S. 36)

Umwelthinweis:
Dieses Buch ist auf PEFC-zertifiziertem Papier aus nachhaltiger Waldwirtschaft gedruckt.

QUALITÄTS G|U GARANTIE

Liebe Leserin, lieber Leser,

haben wir Ihre Erwartungen erfüllt? Sind Sie mit diesem Buch zufrieden? Haben Sie weitere Fragen zu diesem Thema? Wir freuen uns auf Ihre Rückmeldung, auf Lob, Kritik und Anregungen, damit wir für Sie immer besser werden können.

GRÄFE UND UNZER Verlag
Leserservice
Postfach 86 03 13
81630 München
E-Mail:
leserservice@graefe-und-unzer.de

Telefon: 00800 / 72 37 33 33*
Telefax: 00800 / 50 12 05 44*
Mo–Do: 8.00–18.00 Uhr
Fr: 8.00–16.00 Uhr
(gebührenfrei in D, A, CH)*

Ihr GRÄFE UND UNZER Verlag
Der erste Ratgeberverlag – seit 1722.

Backofenhinweis:
Die Backzeiten können je nach Herd variieren. Die Temperaturangaben in unseren Rezepten beziehen sich auf das Backen im Elektroherd mit Ober- und Unterhitze und können bei Gasherden oder Backen mit Umluft abweichen. Details entnehmen Sie bitte Ihrer Gebrauchsanweisung.

So viel mehr lecker.

ISBN 978-3-8338-3773-9

ISBN 978-3-8338-3963-4

ISBN 978-3-8338-3775-3

ISBN 978-3-8338-3436-3

ISBN 978-3-8338-3962-7

Laden im App Store

ANDROID APP BEI Google play

Alle hier vorgestellten Bücher sind auch als eBook erhältlich.

G|U

Willkommen im Leben.

Mehr von GU auf **www.gu.de** und
facebook.com/gu.verlag

CUPCAKES STATT KUCHEN

Die trendigen Küchlein sind nicht nur ein Super-Mitbringsel für Partys, sondern ersetzen mit kleinen Kerzen geschmückt auch locker eine große Geburtstagstorte.

SCHOKO-CUPCAKES

Für 12 Stück: 75 g weiße Schokolade grob hacken und mit 200 g Sahne über dem heißen Wasserbad schmelzen. Vom Wasserbad nehmen und ca. 2 Std. kühl stellen. Den Backofen auf 160° vorheizen, die Mulden eines 12er-Muffinblechs fetten oder mit Papierförmchen auslegen. 250 g Mehl, 3 TL Backpulver, 50 g gehackte Walnusskerne und 1 Prise Salz mischen. 2 Eier und 150 g Zucker verquirlen, dann 120 g weiche Butter und 200 ml Milch unterrühren. Mit der Mehlmischung verrühren. Den Teig in die Mulden füllen und im Ofen (Mitte) ca. 20 Min. backen. Herausnehmen und abkühlen lassen. Schokosahne cremig aufschlagen und in einen Spritzbeutel mit Sterntülle füllen. Die Cupcakes jeweils mit einem großen Sahnetupfen garnieren.

CUPCAKES MIT BEEREN

Für 12 Stück: Den Backofen auf 160° vorheizen, die Mulden eines 12er-Muffinblechs fetten oder mit Förmchen auslegen. 200 g Mehl, 2 TL Backpulver, 1 TL Natron und 1 Prise Salz mischen. 2 Eier und 80 g Zucker verquirlen, 80 ml Haselnussöl und 200 g Buttermilch untermischen. Mit dem Mehl verrühren, 2 EL Haselnusskrokant dazugeben. 200 g Himbeeren verlesen. Teig in die Mulden füllen, je 1 Himbeere hineindrücken. Im Ofen (Mitte) ca. 20 Min. backen. Restliche Himbeeren mit 6 EL Puderzucker pürieren. Mit 200 Doppelrahmfrischkäse, 40 g Butter, 1 Pck. Vanillezucker, 1 TL abgeriebener Bio-Zitronenschale und 1 TL Zitronensaft aufschlagen. Die Masse als Tupfen aufspritzen, mit den übrigen Himbeeren garnieren.